AF250597

PARIS IMPRENABLE

AU MOYEN DES

BOMBES MONESTROL

MÉMOIRE

ADRESSÉ AU GÉNÉRAL TROCHU, PRÉSIDENT DU GOUVERNEMENT
DE LA DÉFENSE NATIONALE

PAR

LE CITOYEN MONESTROL

DESCRIPTION DES PROCÉDÉS DE COMPOSITION ET DE FABRICATION
DES BOMBES MONESTROL.
RECETTE POUR LA FABRICATION DU FULMI-COTON.

PARIS

IMPRIMERIE SIMON RAÇON ET COMPAGNIE
RUE D'ERFURTH, 1

1870

BOMBES MONESTROL

Général,

J'ai l'honneur de demander au Gouvernement l'autorisation de créer, dans les vingt-deux arrondissements de Paris, des compagnies de Bombardiers, composées de cent hommes par arrondissement et recrutés parmi les jeunes volontaires de seize à dix-huit ans.

La valeureuse jeunesse parisienne sera heureuse de se ranger autour du vieil artificier d'artillerie qui lui aura appris à confectionner elle-même les bombes qui, dans leurs mains, auront fait de Paris *le tombeau des Prussiens !*

Espérant, général, que vous ne me refuserez pas la faveur que je sollicite d'apporter à la défense de Paris le secours de mon invention et le droit de mourir pour la patrie, à la tête du régiment des Bombardiers.

MONESTROL,

ancien artificier d'artillerie.

Aux citoyens membres de la Défense nationale.

Citoyens,

Je viens donner à tous les citoyens de Paris les moyens de concourir efficacement à la défense nationale en faisant usage d'engins de mon invention auxquels j'ai donné mon nom : *Bombes Mones-trol.*

Ces engins purement défensifs peuvent être exécutés par chacun de nous, en deux heures, en employant, sans danger, à leur confection les mains de nos femmes et de nos enfants.

Leur effet meurtrier, leur facilité d'exécution, ont été constatés en 1866 par le comité d'artillerie. Il va sans dire que le gouvernement déchu les a repoussés en les caractérisant d'*armes d'insurrection.*

Oui, ce sont bien des armes d'insurrection ; car mes bombes, dans la main d'un citoyen courageux, peuvent, en quelques minutes, mettre hors de combat 1,000 Prussiens.

Tout ce qui compose leur ensemble est autour de nous. Nous pouvons les confectionner sans le secours d'arsenaux et nous armer nous-mêmes sans l'intermédiaire d'aucune administration.

Armés de nos bombes, nous pouvons, à la dernière heure, au moment où l'ennemi se croirait sûr de la victoire, anéantir l'armée prussienne si elle a l'audace de franchir nos murailles.

Nous touchons au moment suprême où l'initiative privée devra prendre en main la défense nationale, où chaque habitant de Paris devra prendre part à la lutte, en employant le secours de toutes les armes défensives qu'il pourra trouver sous sa main. Nous aurons à renouveler la défense de Saragosse, et peut-être même la sublime énergie du héros de Laon. Heureux, en cette circonstance, si la bombe que mes mains auront lancée peut tomber au milieu du cortége du roi Guillaume !

Vous priant, citoyens, de vouloir en cette circonstance appuyer, devant qui de droit, la demande que j'ai l'honneur d'adresser par ces présentes au citoyen général présidant la commission de défense nationale.

MONESTROL,

ex-artificier d'artillerie.

BOMBES MONESTROL

DESCRIPTION DU PROCÉDÉ DE LEUR FABRICATION.

Matières premières.

Tous les récipients en verre se terminant par un goulot, tels que bouteilles ou carafes, servent à former des bombes.

Tous les débris de fer ou de fontes, réduits en morceaux d'une grosseur d'une balle de calibre, servent de projectiles.

La résine, le plâtre, la grosse toile, le fil de fer et la colle, tels sont les éléments qui servent à confectionner ces engins, éléments qui se trouvent en très-grande quantité tout autour de nous.

FABRICATION.

Faites fondre dans un récipient quelconque allant au feu une petite quantité de résine.

Trempez l'un après l'autre chaque débris de fer, sur une des faces seulement, dans la résine en fusion, et appliquez-le sur la surface de la bouteille en commençant à la naissance du goulot jusqu'au fond de la bouteille, afin de la revêtir ainsi d'une carapace de fer.

Recouvrez légèrement le fer ainsi assemblé au moyen d'une couche de plâtre.

Enroulez la bouteille ainsi préparée de bandes de toile enduites de colle forte ou de colle de pâte, de manière à former une enveloppe régulière de huit à dix couches de toile.

Recouvrez le tout pour l'assujettir d'un treillage à grandes mailles de fil de fer recuit.

La bouteille ainsi revêtue ne nécessite plus pour en faire usage que d'être remplie à deux tiers de poudre et munie d'un bouchon de bois traversé dans toute sa longueur d'une mèche d'artifice d'une durée d'une minute. Le bouchon porte-mèche est lui-même fortement assujetti au goulot par une attache en fil de fer et recouvert d'une calotte en étoffe qui protége l'extrémité de la mèche et fait de la bombe ainsi chargée un engin inoffensif pour son détenteur.

Au moment d'en faire usage en le lançant du haut des étages supérieurs, il faut enlever la calotte, mettre le feu à la mèche et lancer la bombe ainsi allumée dans la rue au moment du passage en foule de l'ennemi.

Il résulte de cette description que les éléments qui composent mes bombes sont bien réellement répandus en abondance tout autour de nous.

Toutes les mains, soit d'hommes, femmes ou enfants, peuvent bien concourir à leur fabrication ; mais, pour en diriger l'exécution, il est nécessaire d'un ouvrier qui, au préalable, aura reçu de moi ou des capitaines des compagnies des bombardiers les instructions pratiques nécessaires.

Une des pièces les plus délicates de ces engins, c'est la mèche et le bouchon ; la mèche doit durer une minute pour ne compromettre en aucune façon la vie du bombardier qui en fait usage.

Telles sont les raisons qui me font solliciter du gouvernement l'autorisation de former une compagnie de bombardiers par arrondissement. En effet, 22 compagnies d'un effectif de 100 hommes forment un régiment de 2,200 hommes. Il me suffira de vingt-quatre heures pour rendre chaque bombardier apte à diriger sous ses ordres dix ouvriers produisant en moyenne 10 bombes chacun par jour, soit au total une fabrication de 220,000 par jour.

Quoique cette fabrication puisse prendre une très-grande extension, encore faut-il reconnaître que le temps presse et que chaque jour qui s'écoule est un jour perdu pour l'armement de la population de Paris.

Il y a donc urgence absolue pour que la demande que j'ai sollicitée du gouvernement de la défense nationale me soit accordée sans retard.

Ne demandant au gouvernement ni subsides pour mes bombardiers, ni armement, ni équipement; ne réclamant le concours d'aucun des citoyens qui sont appelés sous les drapeaux, soit dans l'armée active, soit dans la garde mobile, soit dans la garde nationale; ne faisant appel qu'aux jeunes gens de seize à dix-huit ans et à ceux qui ne peuvent pas manier un fusil, mais à qui il reste encore la force et le courage de concourir à la défense de Paris en lançant du haut de leurs maisons une bombe sur les envahisseurs de nos rues;

Espérant qu'après avoir approuvé l'organisation des bombardiers parisiens, l'État ne nous refusera pas la poudre de guerre dont nous pourrons avoir besoin.

Toutefois si cette demande ne pouvait être agréée pour une raison ou pour une autre, nous pourrions à la rigueur nous en passer en fabricant nous-mêmes la poudre balistique, connue sous le nom de fulmi-coton, et dont voici la recette.

RECETTE SCIENTIFIQUE LA PLUS SIMPLE, LA PLUS PROMPTE ET LA PLUS SURE DE PRÉPARER LE FULMI-COTON.

Verser dans un vase de verre, de grès ou de porcelaine, *un volume* d'acide nitrique; puis verser lentement dans l'acide nitrique *deux volumes* d'acide sulfurique fumant de Nordhausen, en agitant constamment le mélange au moyen d'une baguette de verre; laisser refroidir le mélange, puis y tremper le coton par touffes de 4 à 5 grammes; les faire plonger avec une baguette de verre en ayant soin de faire crever les bulles d'air qui se forment; cesser d'ajouter du coton sitôt que celui-ci ne peut pas être baigné facilement par le mélange acide; couvrir le vase avec un verre à vitre et compter *dix* minutes.

Enlever vivement le coton, tout en emportant le moins de liquide possible et le jeter dans un grand volume d'eau fraîche; agiter fortement, laver à excès, étirer le coton et faire sécher à air libre.

OBSERVATIONS ESSENTIELLES.

Il est bon que le vase de verre ou de porcelaine dans lequel on fait le mélange des acides soit assez plat. Il n'est pas indifférent de verser l'acide nitrique dans l'acide sulfurique, ou l'acide sulfurique dans l'acide nitrique. C'est bien entendu, les deux volumes d'acide sulfurique *fumant* de Nordhausen qu'il faut verser peu à peu et avec précaution dans un volume d'acide nitrique. Il est fort essentiel de bien laisser refroidir le mélange; un repos d'une ou deux heures est nécessaire pour obtenir ce refroidissement qu'on peut hâter en maintenant le vase qui contient le mélange sur une couche de glace.

On peut se servir pour retirer le coton du mélange acide d'une espèce de passoire en porcelaine sur laquelle on peut le presser légèrement au moyen d'une molette en verre.

Pour utiliser le liquide restant, il faut d'abord lui restituer un volume d'acide nitrique, puis y verser de nouveau deux volumes d'acide sulfurique fumant.

Pour sécher le fulmi-coton, il suffit d'un courant d'air libre.

La poudre-coton étant bien sèche, il est urgent de la maintenir à l'abri de l'humidité dans des flacons bien bouchés.

ORGANISATION DU CORPS DES BOMBARDIERS.

Ce corps serait composé de 22 compagnies de 100 hommes, ayant leur point de ralliement dans les mairies des 22 arrondissements de Paris.

Chaque compagnie, commandée par un capitaine, serait divisée en groupes de 10 bombardiers commandés par un maître bombardier.

Ce corps, sous mon commandement, prendrait le titre de *Bombardiers de la Seine*.

Tous les bombardiers sans distinction de grades conserveraient le costume civil.

Leur signe de distinction serait le képi ordinaire de la garde nationale, orné d'une grenade rouge pour les bombardiers, jaune pour les maîtres bombardiers, en argent pour les capitaines, et en or pour le commandant ; surmonté du numéro de l'arrondissement.

Au moment du danger, chaque bombardier convoqué à

domicile, se rendrait au lieu de sa réunion ordinaire où il serait pourvu de deux bombes Monestrol qu'il porterait dans deux bissacs en toile disposés l'un à droite, l'autre à gauche, conservant les mouvements libres de tous leurs membres.

Les bombardiers seraient dirigés par groupes sur les points de la capitale dont les rues menaceraient d'être envahies par l'ennemi. Leurs postes seraient établis aux étages supérieurs des maisons bordant les rues envahies, se divisant eux-mêmes par groupes de 2 bombardiers qui, après avoir fait usage de leurs bombes, se replieraient successivement sur les postes en arrière, afin de se rendre ensuite au pas gymnastique renouveler leur approvisionnement de bombes au dépôt le plus voisin qui leur serait désigné par leur capitaine.

En outre, tous les propriétaires d'immeubles de Paris seraient engagés à se pourvoir eux-mêmes de bombes Monestrol, pour protéger d'abord leurs maisons et concourir ainsi à la défense générale.

Comme en une circonstance aussi grave et devant une responsabilité morale que ne saurait décliner mon patriotisme, il est nécessaire de produire des garanties irrécusables de moralité et de capacité, j'ai le droit d'espérer que la lecture des pièces ci-jointes ne laisseront subsister aucun doute sur ces deux points.

Citoyen Monestrol.

Copie d'une lettre adressée le 14 août dernier à MM. Arago,
Jules Ferry, Jules Favre et Gambetta.

Messieurs,

J'ai l'honneur de porter à votre connaissance les faits suivants :

Ancien artificier d'artillerie, je me suis spécialement occupé de la confection d'armes d'une exécution facile et d'un emploi efficace pour la défense des villes menacées d'invasion.

Ces armes furent expérimentées en 1866, dans les puits de Vincennes, par les ordres de M. le général Le Bœuf, alors qu'il était président du comité d'artillerie.

Le rapport fait à M. le ministre de la guerre conclut par ces mots :

« Armes d'une exécution facile, d'un effet terrible : mais ce sont des armes d'*insurrection !* »

Ce mot suffit pour me faire garder le silence le plus absolu sur ma découverte.

Mais aujourd'hui que l'ennemi a envahi le sol français, je me croirais coupable de *lèse-trahison nationale* si je ne m'adressais aux représentants de la France pour leur offrir un moyen simple et puissant de rendre impossible l'invasion de nos villes. J'affirme que 2,000 hommes sous mes ordres pourront exterminer dans Paris une armée envahissante de *un million d'hommes*, et je ne demande que vingt-quatre heures pour leur faire exécuter les armes dont ils auront à se servir, sans former une seule barricade et sans déranger un seul pavé des rues.

Dans cette circonstance, je viens donc vous prier, messieurs, de vouloir provoquer promptement de M. le ministre de la guerre, à qui je fais part de ma communication, l'ordre de me faire appeler à Paris pour y déposer devant une commission, dont je désire que vous soyez membres, mon but et mes moyens.

Vous priant, messieurs, d'agréer l'expression des sentiments du plus pur patriotisme et du désir que j'ai de contribuer à chasser l'ennemi de la France.

Me disant, etc., etc.

Nous soussigné, Jean Lasmartres, maire de la commune de Roquefort, chevalier de la Légion d'honneur, certifions que le nommé Durand de Monestrol, marquis d'Esquille (Fortuné), qui possède un établissement industriel dans notre commune, est de bonne vie et mœurs et qu'il jouit de l'estime et de la considération de tous ses concitoyens.

Fait à notre mairie de Roquefort, le 21 août 1870.

Le maire,

Lasmartrés.

Nous soussigné, maire de la commune de Boussens (Haute-Garonne), certifions que le nommé Durand de Monestrol, marquis d'Esquille (Fortuné), qui possède un établissement industriel dans notre commune, est de bonne vie et mœurs et qu'il jouit à juste titre de l'estime et de la considération de tous ses concitoyens.

En foi de quoi nous lui avons délivré le présent cértificat pour lui servir de quoi de droit.

Fait à notre mairie de Boussens le 21 août 1870.

Pour le Maire absent, l'Adjoint,

Feuillerot.

Le maire de la commune de Martres, canton de Cazères, arrondissement de Muret (Haute-Garonne), soussigné, certifie qu'il est à son entière connaissance que le nommé Durand de Monestrol, marquis d'Esquille (Fortuné), qui dirige un établissement industriel dans notre commune, est de bonne vie et mœurs et qu'il jouit de l'estime et de la considération de tous ses concitoyens.

En foi de quoi, etc.

Le Maire,

Thèbe.

Martres, 21 août 1870.

EXTRAIT

De la *Revue historique des Notabilités contemporaines*, par
M. Raincelin de Sergy, publiée en 1853.

DURAND DE MONESTROL (Fortuné)

MARQUIS D'ESQUILLE

Premier vice-président général de l'Académie des arts et métiers, industrie,
sciences et belles-lettres ; membre de l'Académie nationale agricole,
industrielle et commerciale ; membre de la Société libre des beaux-arts ;
membre de l'Athénée des arts ; membre de la Société des arts,
sciences, lettres et industrie ; membre de la Société des sciences industrielles
de Paris ; membre de l'Académie britannique et universelle
des sciences et arts de Londres ; membre de la Société générale des naufrages
dans l'intérêt de toutes les nations ;
Chevalier de l'Ordre royal américain d'Isabelle la Catholique, etc., etc.

Fortuné Durand de Monestrol, marquis d'Esquille, est né le 14
mai 1809, à Ginestas, département de l'Aude.

. . . .

Fortuné de Monestrol se destinait à la carrière des armes ; il fit ses
études au collége royal de Toulouse, où, après un premier examen
pour l'École polytechnique, il prit du service en qualité de volontaire
dans le 3ᵉ régiment d'artillerie à cheval, où il inventa les grenades
à explosions multiples et les bouées lumineuses de sauvetage. Sur-

pris par la révolution de Juillet, il quitta le service et se livra avec soin à l'étude des sciences exactes. Professeur de mathématiques distingué, la science lui doit un travail remarquable sur les parallèles, un traité complet d'arpentage, de nivellement, de dessin linéaire et de lavis des plans, fort volume in-8°, orné de vingt planches et de six cents figures, gravées sur pierre par lui-même; un traité comparatif des mesures de superficie anciennement usitées dans toutes les communes de France.

Fortuné ayant compris que les mathématiques, appliquées à la mécanique et à la chimie, étaient le plus puissant agent du progrès dans les arts industriels, visita les principaux ateliers de l'Europe entière, suivit les cours des professeurs les plus éminents; il compulsa avec ardeur toutes les bibliothèques, et devint ainsi un des inventeurs les plus féconds de son siècle. En quelques années, il obtint dix-huit brevets principaux d'invention et une foule de brevets de perfectionnement. Nous citerons parmi ses découvertes : la *ramollisseuse*, instrument à l'usage de la corroierie, et qui a donné naissance à la *refendeuse;* le plongeur à ballons sous-marins, appareil qui valut à son auteur les encouragements de plusieurs souverains et le titre de membre de la Société générale des naufrages; un système de chemin de fer à petite courbe et à grande pente, qui ne fut jamais expérimenté; un procédé pour la fabrication des boutons en porcelaine, industrie qui a pris un si grand développement en France et fait la fortune de plusieurs industriels; un procédé pour la fabrication du pavage mécanique en pâtes céramiques; des compositions chimiques pour fixer et rendre inaltérables les dessins au fusin, au crayon et au pastel ; des machines à débiter cylindriquement le bois pour la fabrication des allumettes chimiques et la confection de ces dernières sans soufre, divers compteurs mécaniques; les tissus en velours et les tapis en relief à dessins sculptés; les grès artificiels et les dalles hydrofuges ; des machines à broder les tulles en pièce; des mémoires sur l'organisation du service des voitures de place de Paris; des plans et devis d'ateliers de travail public, etc. Mais ce qui fera la fortune et la gloire du marquis d'Esquille, c'est l'invention des *pierres malléables,* découverte qui placera son nom à côté des Brongniart, des Dumas, des Darcet, etc., et pour la démonstration de laquelle un volume entier ne nous suffirait pas.

L'Académie nationale agricole, manufacturière et commerciale, sur le rapport présenté par le comité des récompenses et approuvé en assemblée générale, tenue à l'Hôtel de Ville de Paris, le 16 juin 1852, décerne une médaille de première classe (médaille d'or) à M. Fortuné de Monestrol, marquis d'Esquille, pour sa nouvelle méthode de travailler les matières céramiques.

L'Académie des arts et métiers, industrie, sciences et belles-lettres de Paris, après avoir, dans la séance de ce jour, entendu la lecture des conclusions présentées par la classe des sciences, qui accorde une médaille d'or à M. de Monestrol, marquis d'Esquille, pour son nouveau mode de travailler les matières céramiques, confirme la décision prise par cette classe.

La Société des arts, sciences, lettres et industrie, sur le rapport de M. Dalmont, décerne à M. le marquis de Monestrol d'Esquille une médaille d'or.

L'Athénée des arts proclame l'invention des pierres malléables une des plus heureuses découvertes de l'époque, et décerne à son auteur sa médaille d'or.

La Société d'encouragement pour l'industrie nationale, la Société des sciences industrielles, enfin tout ce que Paris renferme de sociétés savantes, industrielles ou commerciales, rendent un éclatant hommage au génie de l'homme dont nous venons d'analyser brièvement les travaux.

Fortuné Durand de Monestrol, marquis d'Esquille, est membre de toutes les académies scientifiques et industrielles de la capitale. L'Académie universelle de Londres le compte au nombre de ses membres les plus illustres ; il occupe dignement, à l'Académie des arts et métiers, industrie, sciences et belles-lettres de Paris, le fauteuil de vice-président général.

NOTES DE L'ÉDITEUR

L'extrait que nous venons de donner de la biographie de l'inventeur des bombes Monestrol date de 1853. Depuis cette époque, l'infatigable chercheur a obtenu divers brevets et fait ample moisson de médailles d'or et d'argent ; en sorte qu'au moment où la République de 1870 pourra briser le blason nobiliaire du marquis de Monestrol d'Esquille, il pourra avec orgueil montrer à tous le blason industriel dû à ses nombreux travaux et qu'il a enrichi par ses labeurs de deux médailles de bronze, de huit médailles d'argent et de quatorze médailles d'or.

PROJET DE DÉCRET PROPOSÉ AU GOUVERNEMENT PROVISOIRE.

Au moment où la lutte suprême va s'engager, lutte terrible, qui dans peu de jours aura fait des victimes par centaines de mille, il est probable que les moyens ordinaires d'inhumation seraient insuffisants ; je demande aux membres du gouvernement de la défense nationale, de promulguer le décret suivant :

ARTICLE PREMIER. — Il sera immédiatement établi, dans chaque cimetière de Paris, des fourneaux de crémation, pour l'incinération des corps, dans les cas où les procédés ordinaires d'inhumation deviendraient insuffisants.

ART. 2. — Un fourneau de crémation sera établi au Champ de Mars, pour l'incinération des P......... et des animaux dont les cadavres obstrueraient la voie publique.

MONESTROL.

PARIS. — IMP. SIMON RAÇON ET COMP., RUE D'ERFURTH, 1.

www.ingramcontent.com/pod-product-compliance
Lightning Source LLC
Chambersburg PA
CBHW051500060726
47596CB00007B/2848